AUTRES LIVRES DE CETTE COLLECTION :

Que du bonheur !	*Je t'aime*	*Oser rêver*
C'est un garçon !	*Maman*	*Amitié*
C'est une fille !	*Sourire*	*Papa*

Imprimé en Chine – Tous droits réservés – DL 7003/2004/14 – ISBN : 2-87388-331-6
5 7 9 11 12 10 8 6

UN LIVRE-CADEAU HELEN EXLEY

oser rêver

DESSINS DE JOANNA KIDNEY

REMPLI D'ESPÉRANCE,
COMME LE POINT DU JOUR.

THOMAS BAILEY ALDRICH (1836-1907)

Je suis éperdu de bonheur
lorsque le jour se lève doucement
sur le toit du ciel.

CHANT ESQUIMAU

Chaque jour est le premier jour:
chaque jour, la vie commence.

DAG HAMMARSKJÖLD (1905-1961)

Je vis chaque journée comme
un jour nouveau.
Je cherche chaque jour un grain d'émotion.
Chaque matin, je me dis:
"Qu'y a-t-il de passionnant à faire, aujourd'hui ?"
Et je vis ma journée.
Ne me demandez pas ce que je ferai demain.

BARBARA JORDAN

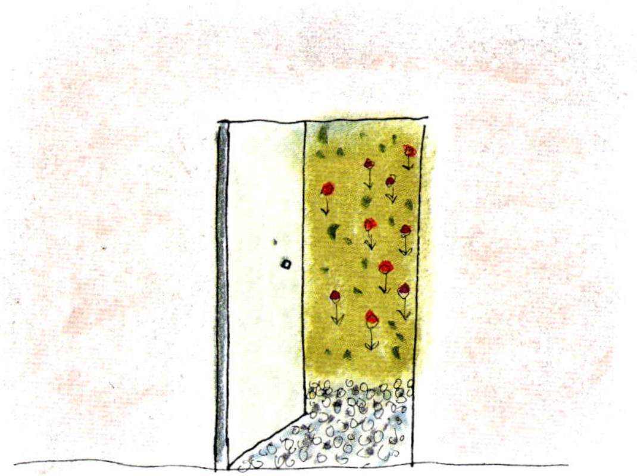

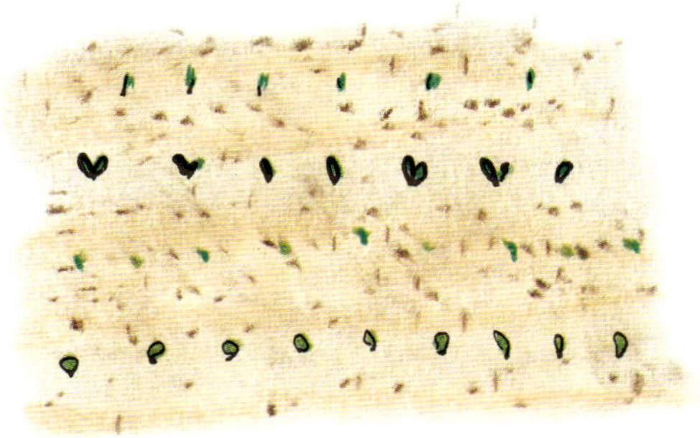

La première hirondelle
du printemps !
Le cycle de l'année commence,
avec un espoir encore plus neuf !

HENRY DAVID THOREAU (1817-1862)

Le bonheur ancien s'est fané,
il est mort.
Mais, regarde! La terre se teinte
d'un peu de vert,
frêles prémices
d'une vie nouvelle et meilleure !

ANNELOU DUPUIS

Ose ta vie, toi seul la vivras.

JACQUES SALOMÉ

Certes, je ne renonce pas
à rêver ma vie, mais je prétends
aussi vivre mes rêves.

PIERRE DRIEU LA ROCHELLE (1893-1945)

J'AIME CELUI QUI RÊVE L'IMPOSSIBLE.

GOETHE

Quel que soit l'endroit
où te conduira ton voyage,
je sais que de nouveaux dieux
t'accueilleront, avec leur divine
patience - et leur sourire.

SUSAN WATKINS

Marchez sans peur
dans la direction de vos rêves.
Vivez la vie que vous avez imaginée !

HENRY DAVID THOREAU (1817-1862)

Nos petites barques voguent
sur des océans inconnus
et c'est pourquoi nous avons peur.
Mais nous aussi, nous participons
de ce mystère. La mer scintille d'or,
le ciel est un champ d'étoiles.
Et nous sommes là, vivants,
au beau milieu de ces merveilles.

ODILE DORMEUIL

L'aube a cette virginité
des possibles,
L'ardeur de ce qui peut être.

COLETTE NYS-MAZURE

Lorsque
le soleil brille,
je suis capable de tout.
Aucun sommet n'est trop haut,
aucun problème
trop ardu.

WILMA RUDOLPH

Réveille-toi

avec le sourire

et vis ta vie.

Vis-la, aime-la,

goûte-la,

respire-la,

touche-la.

Joe Knapp

Plante un arbre vert
dans ton cœur
et l'oiseau chanteur,
peut-être,
viendra s'y poser.

PROVERBE CHINOIS

La vie est une grande
toile vierge; à vous d'y ajouter
le plus de couleurs possible.

DANNY KAYE (1913-1987)

Je ne pense pas à toute cette misère,
mais à la beauté qui subsiste.

ANNE FRANK (1929-1945)

Tous nos rêves peuvent
devenir réalité - si nous avons
le courage
de les poursuivre.

WALT DISNEY (1901-1966)

Ne sois pas découragé par la distance
qui sépare ton rêve de la réalité.
Si tu as été capable de le rêver,
tu seras capable de le faire.

BELVA DAVIS

Nous sommes tous dans le caniveau,
mais certains ont les yeux
fixés sur les étoiles.

OSCAR WILDE (1854-1900),
"L'ÉVENTAIL DE LADY WINDERMERE"

ACCROCHE TA CHARRUE
À UNE ÉTOILE.

STAN ROUGIER

Il me semble qu'il n'est
pas possible que
nous cessions de vouloir
et d'espérer tant que nous sommes
pleinement vivants.
Il y a des choses dont nous savons
qu'elles sont belles et bonnes,
et nous avons le devoir de les désirer.

GEORGE ELIOT (1819-1880)

vos
rêves

Chaque seconde
peut marquer
un nouveau départ.
C'est un choix.
C'est ton choix.

EAU CLAIRE,
SAGESSE INDIENNE

Le paradis, c'est pour aujourd'hui.
C'est une plénitude ici et maintenant
qui se réalise à chaque fois
que l'on est en harmonie
avec l'autre, avec le monde
qui nous entoure.
Il n'y a pas besoin d'aller chercher
très loin, l'éternité est déjà là,
à l'intérieur de nous-mêmes.

MARIE DE HENNEZEL

Prends ton pinceau
Prends tes couleurs
Peins le paradis
Et entre.

NIKOS KAZANTZAKIS
(1885-1957)

Prends le temps de rêver
- c'est mener ton char vers les étoiles.
Prends le temps d'aimer et d'être aimé
- c'est le privilège des dieux.
Prends le temps d'admirer ce qui t'entoure
- les jours sont trop courts pour
rester cloîtré.
Prends le temps de rire
- c'est la musique de l'âme.

PRIÈRE ANCIENNE

Chaque brin d'herbe,
chaque feuille,
chaque fleur
ou chaque pétale,
est un mot
qui parle d'espoir.

RICHARD JEFFERIES (1848-1887)

L'espoir est le pilier
qui soutient le monde.

PLINE L'ANCIEN (23-79)

L'espoir est une graine microscopique
d'où sortent de grandes choses :
le courage et la bonté, la patience,
l'endurance et l'amour.

CHARLOTTE GRANIER

TOUT CE QUI EST ACCOMPLI EN CE MONDE EST LE FRUIT DE L'ESPÉRANCE.

MARTIN LUTHER (1483-1546)

J'ai fait dans ma vie

des rêves qui ne m'ont

plus jamais quittée

et qui ont changé

ma façon de voir les choses:

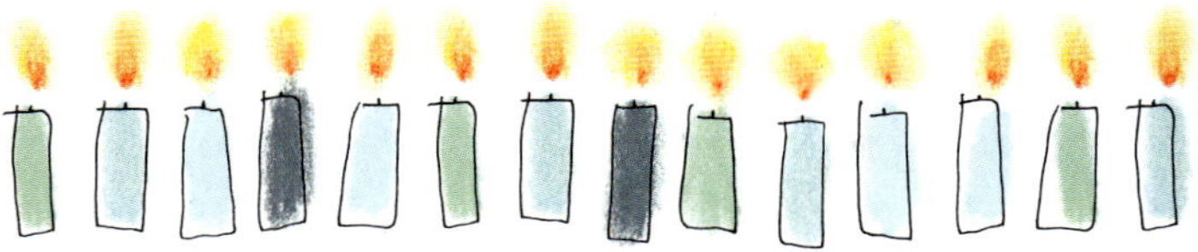

ils sont passés à travers moi

encore et encore,

comme le vin traverse l'eau,

et ils ont changé la couleur

de mes pensées.

EMILY BRONTË (1818-1848)

Oser l'espérance, croire en demain,

Oser l'espérance, se donner la main.

Toi qui souvent a les yeux tristes

De trop de peines accumulées

Sais-tu que la tendresse existe

Et que je peux te la donner ?

Sais-tu que la tendresse existe

Et qu'il suffit de t'y lâcher ?

MAGUY MÉCHINAUD

Une nouvelle vie s'offre
à nous à chaque seconde.
Puissions-nous marcher
joyeusement à sa rencontre.
Il faut se hâter, qu'on le veuille ou non.
Et nous marcherons assurément
d'un meilleur pas en fixant l'horizon
plutôt qu'en regardant
sans cesse en arrière.

JEROME K. JEROME (1859-1927)

VIVE L'AVENTURE !

Il n'y a pas un train
que je n'aimerais prendre,
quelle que soit sa destination.

EDNA ST. VINCENT MILLAY (1892-1950)

J'entends une locomotive
siffler dans la nuit,
des voix m'appellent du bout du monde …
Je me retourne dans mon lit
et je pense: "Ah, voyager !"

KURT TUCHOLSKY (1890-1935)

Si je pouvais
recommencer ma vie,
je marcherais pieds nus,
du début du printemps
à la fin de l'automne.
Je passerais bien plus
de temps à danser
ou à tourner sans fin
sur des manèges.
Je cueillerais beaucoup
plus de pâquerettes.

NADINE STAIR

QUI CROIT AU PRINTEMPS
SÈME EN HIVER.

PROVERBE

Rêver et révéler,
c'est à peu près le même mot.

RAYMOND QUENEAU (1903-1976)

Au cœur de moi-même
est un lieu où je vis toute seule.
C'est là qu'on renouvèle des sources
qui ne s'assèchent jamais.

PEARL BUCK (1892-1973)

L'espérance, comme la foi,
n'est rien si elle n'est pas courageuse;
elle n'est rien si elle n'est pas un peu folle.

THORNTON WILDER (1897-1976)

"DANSONS, LAISSONS
ÉCLATER NOTRE JOIE",
TELLE EST MA DEVISE,
MÊME S'IL N'Y A AUCUNE
DANSE À DANSER,
AUCUNE JOIE À LAISSER VOIR.

MARK TWAIN (1835-1910)

Là-bas, dans la lumière du soleil,
se trouvent mes aspirations les plus hautes.
Il se peut que je ne les atteigne jamais,
mais je peux au moins lever
les yeux et admirer leur beauté…

LOUISA MAY ALCOTT (1832-1888)

Escalade les plus hautes montagnes
et tends l'oreille à leurs bonnes nouvelles.
La paix de la nature s'insinuera en toi
comme les rayons du soleil
à travers les frondaisons.

JOHN MUIR (1838-1914)

ESPÈRE, ENFANT !
DEMAIN ! ET PUIS DEMAIN ENCORE !
ET PUIS TOUJOURS DEMAIN !
CROYONS DANS L'AVENIR !

VICTOR HUGO (1802-1885)

Tu es ce qui peut exister, tes pensées,
ta vie, tes rêves devenus réalité.
Tu es tout ce que tu choisis d'être.
Tu es sans limites,
comme l'univers est infini.

SHAD HELMSTETTER

JE CROIS AU SOLEIL,
MÊME QUAND IL NE BRILLE PAS.
JE CROIS À L'AMOUR,
MÊME QUAND
JE NE LE RESSENS PAS.

GRAFFITI SUR LE MUR
D'UNE PRISON À COLOGNE,
DÉTRUITE AU COURS
DE LA SECONDE GUERRE MONDIALE

Faites confiance à la vie !
Les êtres humains ne cesseront jamais
de marcher vers une vie plus belle,
plus riche, plus pleine.

W.E.B. DU BOIS (1868-1963)

La vie est une chance, saisis-la.
La vie est un défi, fais-lui face.
La vie est un rêve, fais-en une réalité.
La vie est promesse, remplis-la.
La vie est une aventure, ose-la.

MÈRE TERESA

Avec un peu de chance,
un seul atome d'imagination
peut transformer un million de réalités.

MAYA ANGELOU

C’est de l’étoffe
des rêves que sont
faites les choses
les plus précieuses
et les plus impérissables,
celles dont la beauté
demeure et ne
se fane jamais.

VIRNA SHEARD

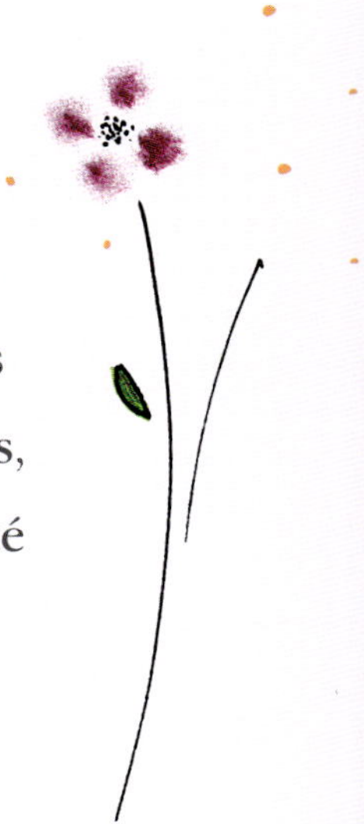

Ce feu en moi…
C'est la faim de tout un peuple
qui a vécu avant moi,
à toutes les époques,
en route vers la lumière,
vers une vie plus exaltante !

ANZIA YEZIERSKA (1885-1970),
"CŒURS AFFAMÉS"

Le secret de l'espérance,
c'est le secret de la fraternité. (...)
Une aube apparaît.
Elle est encore bien grise.
Mais le jour se lèvera.
Il ne faut pas perdre l'espérance.

GENEVIÈVE DE GAULLE-ANTHONIOZ,
RÉSISTANTE, DÉPORTÉE,
PRÉSIDENTE D'ATD-QUART MONDE

Il n'y a rien de mieux qu'imaginer
d'autres mondes, dit Baudolino,
pour oublier combien
est douloureux celui où nous vivons.
Du moins, c'est ce que je pensais alors.
Je n'avais pas encore compris que,
à imaginer d'autres mondes, on finit par
changer aussi celui-ci.

ECO UMBERTO

Il n'existe que deux
façons de vivre sa vie.
La première en pensant
que les miracles n'existent pas.
La seconde en pensant
que tout est miracle.

ALBERT EINSTEIN (1879-1955)

Sur le chemin raboteux du salut,
sur la route interminable,
Sur la route entre
ses deux sœurs,
La petite espérance s'avance.

CHARLES PEGUY

Continue à regarder
vers des ciels lumineux,
Continue à croire que le soleil se lèvera,
Continue à chanter
alors que tous soupirent,
Et tu y arriveras dès le matin.

CHANT

Nos vies ressemblent
au char du soleil: au moment même
où il entre dans l'obscurité,
il apporte l'espoir
d'un nouveau jour.

EDITORIAL DU TIMES, 24 DÉCEMBRE 1984

Comme tous ceux qui n'ont

rien, j'ai vécu de mes rêves.

ANZIA YEZIERSKA, "CŒURS AFFAMÉS"

L'espérance nous pousse
en avant et nous promet
que demain sera meilleur.

TIBULLE (50-18 AV. J.-C.)

Demain est la chose
la plus importante de la vie.
Il est toujours exact au rendez-vous:
à minuit tapant,
il s'offre à nous, encore vierge,
et se remet entre nos mains.

JOHN WAYNE (1907-1979)

L'hiver est dans le ciel
et sur ma tête
mais non dans mon cœur.
Il y a là un éternel avril
dont tu es l'aurore.
Les années finissent, non l'amour…

VICTOR HUGO (1802-1885)

Au milieu de l'hiver, j'a

découvert en moi
un invincible été.

ALBERT CAMUS (1913-1960), "L'ETRANGER"

L'avenir

appartient

à ceux

qui **croient**

à la beauté

de leurs rêves.

ELEANOR ROOSEVELT
(1884-1962)

La terre tourne
et cet endroit qui t'apparaît
comme une fin
pourrait bien aussi
être un début.

IVY BAKER PRIEST (1905-1975)

On jouit moins
de ce qu'on obtient
que de ce qu'on espère.

JEAN-JACQUES ROUSSEAU (1712-1778)

Un jour, quelqu'un m'a dit:
"Révérend Schuller, je vous souhaite de
vivre assez longtemps pour voir
la réalisation de tous vos rêves".
J'ai répondu: "J'espère bien que non,
parce que si tous mes rêves
se trouvaient réalisés, cela voudrait dire
que je suis déjà mort".
Ce sont les rêves que nous n'avons
pas encore réalisés
qui nous maintiennent en vie.

ROBERT SCHULLER

L'espérance n'est pas
une complaisance envers soi-même.
Elle est la plus grande
et la plus difficile victoire
qu'un homme puisse remporter sur lui-même.

GEORGES BERNANOS (1888-1948)

Même si je savais
de façon certaine
que la fin du monde
est pour demain,
je planterais
un pommier aujourd'hui.

MARTIN LUTHER (1483-1546)

Ne t'attarde pas pour cueillir

des fleurs et les garder jalousement.

Au contraire, poursuis ta route,

et les fleurs continueront de fleurir

tout au long du voyage.

RABINDRANATH TAGORE (1861-1941)

DÉSIRS INNOMBRABLES !
DÉSIRS INTENSES ET EXQUIS !

HASHIM AMEER ALI

L'espérance d'un paradis
est déjà le paradis.

KAHLIL GIBRAN (1883-1931)

L'espérance
est un petit oiseau
Qui se perche
sur notre âme
Et chante une chanson
sans paroles,
sans jamais se lasser.

EMILY DICKINSON (1830-1886)

HELEN EXLEY dirige sa propre maison d'édition, qui vend des livres-cadeaux dans plus de soixante-dix pays. Elle souhaitait depuis longtemps faire un petit livre sur le sourire et a recueilli, pendant plusieurs années, de nombreuses citations sur le sujet, tout en ayant le sentiment que les illustrations dont elle disposait ne convenaient pas tout à fait. Puis un jour, Helen Exley est tombée sous le charme des dessins naïfs et drôles de Joanna Kidney et elle a immédiatement compris que c'était exactement ce qu'elle cherchait. Elle a donc demandé à Joanna de travailler sur Le Sourire, et sur quatre autres petits livres de la même série, dont celui-ci.

JOANNA KIDNEY vit en Irlande, dans le Comté de Wicklow. Elle partage son temps entre divers projets d'illustration pour l'édition et la réalisation d'œuvres personnelles qu'elle expose un peu partout. Pour la gamme de cartes de vœux dont elle est l'auteur, Joanna's Pearlies (dont certains thèmes sont repris dans cet ouvrage), elle a reçu en 2001 le Grand Prix Henries du dessin d'humour.